LES

Feuillantines de Paris

(1622-1792)

Journal d'une religieuse de ce Monastère

Publié d'après le manuscrit original

PAR

F.-H. MABILLE

ARCHITECTE

PARIS
Chez H. CHAMPION
Libraire de la Société de l'Histoire de Paris
QUAI VOLTAIRE, 9

1902

LES FEUILLANTINES DE PARIS

LES

Feuillantines de Paris

(1622-1792)

Journal d'une religieuse de ce Monastère

Publié d'après le manuscrit original

PAR

F.-H. MABILLE

ARCHITECTE

PARIS
Chez H. CHAMPION
Libraire de la Société de l'Histoire de Paris
QUAI VOLTAIRE, 9

1902

LES

FEUILLANTINES DE PARIS

(1622-1792)

Dans un livre manuscrit à tranche rouge recouvert en parchemin, avec patte sur laquelle sont encore fixées les lanières servant à le tenir fermé, une religieuse du couvent des Feuillantines du faubourg Saint-Jacques de Paris (1) a relaté les événements principaux arrivés à ce monastère.

Plusieurs d'entre eux se rattachent directement à l'histoire de Paris, d'autres n'indiquent que des choses communes à toutes les maisons religieuses ; il semble donc utile de mettre en lumière les premiers, qui donnent des renseignements très intéressants, pour notre ville, sur un établissement religieux important de l'un de ses anciens faubourgs.

Ce livre, qui contient 149 pages écrites, commence par les faits ayant trait à la fondation du monastère en 1622, et au voyage, de Paris à Toulouse (2), des personnages chargés d'aller chercher les reli-

(1) L'entrée du couvent était au n° 12 du cul-de-sac des Feuillantines, aujourd'hui rue des Feuillantines.

(2) Les Feuillantines furent créées en 1590 au couvent de Montesquiou, près de Toulouse, et soumises à la règle des Feuillants, dont l'abbaye, chef d'ordre, était en Languedoc, au village de Feuillans.

L'ordre fut fondé en 1577 et en 1587 une maison s'établit à Paris près des Tuileries. Il exista jusqu'en 1790.

gieuses désignées pour l'organisation, au faubourg Saint-Jacques, de la nouvelle maison, et se termine le 24 septembre 1792, jour où les religieuses ont été chassées de leur communauté ; il débute ainsi :

Abrégé des choses remarquables arrivées à l'établissement de ce monastère.

La reine Anne d'Autriche, épouse de Louis XIII, écrivit de Paris le neuf mai 1622 au chapitre général de cette congrégation assemblé au monastère de Notre-Dame de Pignerole pour établir un monastère de Feuillantines à Paris ; ledit chapitre y ayant consenti, le roi accorda la permission de l'établissement et des lettres d'amortissement pour le terrain de cette maison et son enclos, au mois de septembre de la même année. Pour l'exécution du décret du chapitre général à ce sujet, le Révérendissime Père Général envoya au R. P. Provincial d'Aquitaine et à celui de France la commission d'aller quérir six religieuses au monastère de Sainte-Scholastique de Toulouse pour commencer l'établissement du susdit monastère à Paris.

Le Père Général par la susdite commission avait élu pour supérieure la R. Mère Domne Marguerite de Sainte-Marie de Rosni. Le Père provincial de France ayant reçu cette commission, Mme Anne Gobelin, veuve de Messire Charles Destournel, chevalier seigneur de Plainville, conseiller du roi, gouverneur de Corbie et capitaine de la première des quatre compagnies des gardes du corps de Sa Majesté, demeurant à Paris, en son hôtel rue et paroisse Saint-Paul, fit offre de se rendre fondatrice dudit monastère, et ayant avec le Père provincial trouvé une maison située au faubourg Saint-Jacques, propre pour les loger, laquelle maison les Pères du monastère de Saint-Bernard avaient acquise l'année précédente et y avaient érigé une chapelle en l'honneur de Dieu et de la sainte Vierge, Mme de Plainville promit de l'acheter pour les susdites religieuses, et de leur donner un revenu suffisant pour les y nourrir et entretenir.

Le Père provincial de France donna avis de toutes ces choses au Père provincial de Guyenne, afin qu'il se transportât à Toulouse, pour mettre en exécution avec lui le décret du chapitre général, selon la commission que le Père général leur avait envoyée à tous deux. Puis le susdit Père provincial de France, accompagné de Dom

Jean de Saint-Paul, religieux de la même congrégation, de monsieur Dallié, maître des requêtes, et de son fils, de Madame Gaineau (1), fondatrice du monastère de Saint-Etienne au Plessis-Picquet, et de Madame de La Haie, qui, par leur affection pour notre congrégation, s'offrirent à faire ce long et pénible voyage de bon cœur, pour aller quérir les susdites religieuses au monastère de Sainte-Scolastique à Toulouse, et les conduire avec tout honneur et modestie à Paris. Ils partirent tous ensemble en carrosse, de Paris, le treizième jour de septembre de la même année mil six cent vingt-deux, avec un passe-port du roi dont voici la teneur :

De par le Roi,

A tous lieutenants-généraux gouverneurs des provinces et villes, baillis-sénéchaux ou leurs lieutenants, chefs et conducteurs des gens de guerre tant de cheval que de pied, de quelque langue et nations qu'ils soient, maires, jurats, capitouls, consuls et échevins, capitaines des forteresses, gardes des ponts, portes, ports, passages de ses villes et rivières, et à tous qui, les présentes verront, salut.

Suivant le pouvoir à nous donné par le roi, monseigneur, nous vous mandons et enjoignons que vous ayez à laisser librement passer et séjourner en vos villes, détroits, pouvoirs et juridictions, le Révérend Père Dom Jean de Saint-Martial, provincial des Feuillans en France, et son compagnon, et le sieur Dallié, notre maître des requêtes, avec son fils, les dames Gaineau et de La Haie, leurs serviteurs et servantes, s'en allant à Toulouse pour, du dit Toulouse, par le commandement du Roi, mon dit seigneur et le nôtre, prendre et amener au dit Paris, six religieuses feuillantines sans permettre qu'il leur soit fait, mis, ni baillé aucun d'estourbier ni empêchement ; mais tout aide, confort et assistance, et faire un service très agréable au Roi, mon dit seigneur, et à nous. Donné à Paris, le 16 août 1622. Anne.

Par le Roi, la Reine tenant le conseil de Sa Majesté au dit Paris, présente.

De Loménie.

(1) Madame Guéneau.

Le susdit Père provincial passant par la ville de Poitiers prit le corps de la révérende Mère Domne Antoinette de Sainte-Scolastique, religieuse de notre congrégation, professe du monastère de Sainte-Scolastique de Toulouse, dite au siècle Mme la marquise de Belle-Isle, princesse de la maison d'Orléans, qui était décédée en la susdite ville de Poitiers, le 25e jour d'avril 1618, en un monastère qu'elle faisait ériger pour les religieuses de notre congrégation, le corps de laquelle le susdit Dom Jean de Saint-Martial, qui était supérieur du monastère de Saint-Bernard, de notre congrégation, en la dite ville de Poitiers, lors de son décès, avait été mis en dépôt en la chapelle du dit monastère, en attendant la commodité de le faire transférer au susdit monastère de Sainte-Scolastique, selon que la susdite Révérende Mère lui avait témoigné le désirer, peu auparavant son décès. Il prit donc ce précieux dépôt et le rendit aux Révérendes Mères du susdit monastère de Sainte-Scolastique qui le reçurent avec une très-grande joie, le 9 d'octobre, qui fut le jour qu'il arriva heureusement, avec toute sa compagnie, en la ville de Toulouse, où peu après son arrivée, il donna à la révérende Mère Domne Marguerite de Sainte-Marie, religieuse professe du susdit monastère de Sainte-Scolastique, de notre congrégation, la commission du Révérendissime Père général de la teneur qui s'en suit :

Nous, frère Jean de Saint-François, supérieur général de la congrégation de Notre-Dame de Feuillans, ordre de Citeaux, à notre très chère sœur en Jésus-Christ, domne Marguerite de Sainte-Marie, religieuse professe du monastère de Sainte-Scolastique, de la même congrégation, salut et dilection en Notre-Seigneur, comme ainsi soit, que par le décret du chapitre général de notre congrégation tenu en notre monastère de Pigneroles en Piémont, au mois de juin de la présente année, il eut été ordonné qu'à l'instance et pieuse réquisition de la sérénissime Anne d'Autriche, très-chrétienne reine de France et de Navarre, il serait établi et fondé en la ville de Paris un monastère de religieuses feuillantines de notre congrégation, dont, à présent, il n'y a qu'un seul monastère qui est celui de Sainte-Scolastique en la ville de Toulouse. A cette occasion, nous, à qui d'office appartient l'exécution d'un si louable dessein et religieuse entreprise, aurons trouvé bon, avec le conseil de nos assistans, de faire élection de votre personne pour donner commencement à cette fondation comme de celle dont nous connaissons le zèle, observances régulières et autres bonnes qualités nécessaires pour cette fin; et pour ce faire, nous vous commandons, en vertu de Sainte obéissance, que vous ayez à sortir du monastère de Sainte-Scolastique, lieu de votre profession et résidence, pour entreprendre cette bonne œuvre, vous acheminer et transporter en la ville de Paris, lorsque vous en serez requise par les Révérends Pères provinciaux d'Aquitaine et de France, auxquels nous avons commis l'exécution de cette affaire, et, pour vous accompagner et assister en cette bonne entreprise, vous preniez cinq autres de nos très-chères sœurs religieuses professes du même monastère de Sainte-Scolastique de Toulouse, telles qu'avec l'avis et conseil des susdits Révérends Pères provinciaux, vous choisirez plus propres à ce dessein, et de ce nous vous donnons plein pouvoir et autorité et aux susdites sœurs qui seront par vous élues et choisies, nous commandons, en vertu de Sainte obéissance, qu'elles aient aussi à sortir de leur susdit monastère pour vous accompagner et s'acheminer avec vous en ladite ville de Paris, leur commandant, en vertu de Sainte-obéissance, de vous tenir et reconnaître pour leur supérieure et de vous (1) *toute obéissance tant au spirituel qu'au temporel selon la règle de Saint-Benoît et vos constitutions, vous enjoignant à toutes, en vertu de Sainte obéissance, de prendre le chemin le plus droit et plus commode que faire se pourra, sans ancuns retardements sur les chemins, sinon pour cause de maladie ou telle autre nécessité inévitable qui pourront subvenir et, quand vous serez arrivés à Paris, vous ayez à entrer, sans aucun divertissement, dans la maison qui vous sera préparée pour y vivre en clôture et demeurer sous l'obéissance du Révérend père provincial de France de notre congrégation selon vos constitutions. Si prions en notre Seigneur les révérendissimes évêques, prélats et autres ordinaires des lieux par où il vous conviendra de passer qu'ils vous prêtent toute faveur et assistance et exercent envers vous tous offices de charité vous permettant de participer aux sacrements de l'église comme que nous leur attestons n'être liées d'aucune censure ecclésiastique, mais bonnes et saintes religieuses. En foi de quoi nous avons écrit et signé les présentes et scellées du sceau de notre office en notre monastère de Notre-Dame de la Consolate, à Turin, le 30 juillet 1622.*

Frère Jean de Saint-François, supérieur susdit.

(1) Un mot manque sur le manuscrit.

Approbation du pape du nouveau monastère.

En suite de ce, le révérend Père provincial de France et la susdite mère domne Marguerite de Sainte-Marie, prieure, ayant reçu lettres du Révérend Père provincial d'Aquitaine par lesquelles il leur donnait avis que, ne pouvant alors se trouver en personne à Toulouse pour faire avec eux le choix des susdites cinq religieuses comme le portait la commission du révérendissime Père général, il leur donnait plein pouvoir et autorité de choisir celles qu'ils jugeraient les plus propres et qu'il confirmait. Ils firent choix des cinq religieuses suivantes, à savoir : domne Marie-Madeleine de Saint-Jean, domne Blanche de Sainte-Agnès, domne Marie de Saint-Benoît, domne Jeanne de Saint-Jérôme et domne Catherine de Toussaints, toutes religieuses professes du susdit monastère de Sainte-Scolastique et afin d'obtenir le consentement de l'ordinaire pour les pouvoir faire sortir du susdit monastère et les mener à Paris, le Père provincial présenta une requête à MM. les Vicaires généraux de Mgr le Cardinal de La Vallette, archevêque de Toulouse, et des lettres dudit sieur cardinal, par lesquelles il leur faisait entendre sa volonté là-dessus qui était qu'ils accordassent au susdit révérend Père provincial ce qu'il leur demanderait.

Le révérend Père provincial ayant obtenu le consentement de l'ordinaire écrivit au révérend Père dom Pierre de Saint-Hilaire, procureur général de notre congrégation à Rome, pour obtenir de notre Saint-Père le pape Grégoire XV l'approbation et confirmation du nouveau monastère de Paris et la permission de transférer les six religieuses du monastère de Sainte-Scolastique de Toulouse au monastère, de Notre-Dame de Charité de Paris, ce que Sa Sainteté accordant donna charge à l'Illustrissime et Révérendissime cardinal Santi, doyen du Sacré Collège des cardinaux, d'en avertir les Illustrissimes et révérendissimes cardinaux de La Vallette et de Sourdis, ce qu'il fit en leur écrivant.

Départ des six religieuses et leur voyage de Toulouse à Paris.

Le dix-septième jour d'octobre de la même année, toutes choses étant prêtes pour le voyage, les six religieuses ayant pris la bénédiction au chœur, prosternées à terre, selon la coutume de notre ordre, et reçu la sainte communion avec toutes les autres religieuses du monastère, de la main du révérend Père provincial, après la messe du Saint-Esprit, qu'il célébra pour recommander à Dieu le succès du voyage, elles dirent adieu à toutes les sœurs et, après s'être recommandées aux prières mutuelles les unes des autres et les avoir embrassées, elles prirent congé non sans ressentiment de part et d'autre de cette séparation, qui était de corps et non de cœurs ni de volontés, que le pur amour de Dieu devait tenir unis et liés à jamais comme elles se le promirent réciproquement. Puis toutes les sœurs les conduisirent en corps à la porte du monastère, où le révérend Père provincial les attendait avec la compagnie qui reçut les six religieuses et les mena devant l'autel de leur église où repose le Très-Saint-Sacrement pour faire leur prière et, après avoir dit la collecte pour les voyageurs, elles montèrent en carrosse et partirent de Toulouse avec la compagnie qui les était venue quérir de Paris et arrivèrent le même soir à l'abbaye de Notre-Dame de Charité de Feuillans, qui est la mère et le chef de notre congrégation, où elles furent reçues et traitées avec toutes sortes de charité et d'humanité par le révérend Père abbé et tous les religieux de cette abbaye. Elles en partirent le lendemain après avoir entendu la sainte messe, y avoir communié et baisé humblement le cœur du très révérend Père en Dieu dom Jean de Saint-Benoît de la Barrière, d'heureuse mémoire, abbé de ladite abbaye de Feuillans et instituteur de notre congrégation, qui décéda à Rome, le 25 d'avril, l'année du grand jubilé 1600, dans le monastère de Saint-Bernard, aux Thermes de Dioclétien, de notre congrégation, où son corps repose, lequel cœur fut apporté à Feuillans peu après son trépas et où il est gardé en toute révérence, dans la sacristie, enchassé dans un cœur d'argent. De là elles s'acheminèrent vers la chapelle de Notre-Dame de Garraison, au diocèse d'Auch, près les monts Pyrénées, célèbre pour le grand nombre de miracles qui s'y opèrent tous les jours, où ils firent tous leurs dévotions. Puis, ayant traversé la Gascogne, ils arrivèrent à Bordeaux quelques jours après, où le révérend Père prieur et les religieuses du monastère de Saint-Antoine de notre congrégation eurent soin de les faire traiter et loger avec toutes sortes d'offices de charité.

Le Révérend père provincial alla saluer Mgr le cardinal de Sourdis, archevêque de ladite vite, et lui demanda sa bénédiction, tant pour soi que pour les religieuses et toute sa compagnie ; l'ayant reçue ils partirent de Bordeaux et prirent le chemin de la Saintonge.

Mme l'abbesse de Saintes les reçut avec bonté à leur passage, logeant les religieuses dans son monastère qu'elle traita avec toutes sortes d'honnêtetés et de bienveillance, et ayant soin que le reste de leur compagnie fut accommodée et traitée honorablement au dehors. Après y avoir séjourné une nuit, ils prirent la route du Poitou pour aller à Poitiers. Sur le chemin, ils coururent deux grands dangers, dont Notre-Seigneur les préserva par une grâce spéciale.

Le premier fut en la forêt de Ciré, entre Saint-Jean-d'Angely et Niort, où une troupe de voleurs huguenots, sortis de La Rochelle avec intention de les y emmener prisonniers, avaient mis des espions au passage pour les guetter. En effet, aussitôt qu'ils en furent avertis, ils coururent après eux et les poursuivirent à course de cheval, mais n'ayant pu les attraper, ils prirent le prévôt des maréchaux et ses archers, qui leur avaient fait escorte, et les emmenèrent à la Rochelle. Ils volèrent aussi une charette qui venait après eux chargée de marchandises et d'une grosse somme d'argent.

L'autre péril fut entre Lusignan et Poitiers, dans la forêt qu'on nomme la Planche-Robin, où une troupe de gens à cheval les guettaient au passage pour les voler, mais ils n'osèrent les attaquer parce qu'ils virent avec eux quelques mousquetaires que le père provincial, par une inspiration de Dieu, avait pris à Lusignan pour les escorter, contre l'avis de toute la compagnie, à qui on avait assuré qu'il n'y avait aucun danger jusqu'à Poitiers, et il parut que ce fût une grâce de Dieu bien particulière, puisque si une des roues de leur carrosse, qui se rompit aux portes de Poitiers, se fut rompue dans la forêt, ils eussent été pris et volés sans le pouvoir échapper, d'autant que le secours qu'un des voleurs était allé quérir en diligence serait arrivé et se serait rendu maître d'eux. Enfin, ils arrivèrent heureusement à Poitiers, où ils apprirent que Mme de Plainville qui désirait être fondatrice du monastère des religieuses dans Paris, était venue au devant d'elles pour les y conduire, et attendait leur arrivée dans la ville de Tours . . . .

Le manuscrit nous dit ensuite que les voyageurs séjournent deux jours à Poitiers, puis s'acheminent sur Tours, par Saumur, où ils rencontrent Mme de Plainville et sa sœur, Mme la présidente L'Escalopier, et que tous ensemble prennent le chemin de Chartres, dans laquelle ville ils restent un jour.

Reprenant leur route, ils se séparent en deux bandes, trois ou quatre lieues avant d'arriver à Paris, les uns continuant directement pour faire préparer la maison qui devait recevoir les religieuses, les autres allant se reposer au monastère de Saint-Etienne, au Plessis-Picquet, en attendant le moment d'y faire leur entrée.

« Le père prieur du monastère de Saint-Bernard, à Paris, ayant appris leur arrivée, les alla visiter au Plessis, et prendre du père provincial l'ordre qu'il voulait être gardé et observé à la réception des dites religieuses et en leur translation en leur nouveau monastère, comme nous dirons ci-après. Le père provincial chargea par lettre le père dom Eustache de Saint-Paul, visiteur de notre congrégation en France d'aller saluer de sa part Mgr Jean-François de Gondi, archevêque de Paris et de le supplier, au nom de toute la congrégation, de vouloir permettre, conformément au désir de la très chrétienne reine de France et de Navarre, et au décret de notre chapitre général, l'établissement des dites religieuses dans Paris, et de prendre la peine de venir visiter la maison où elles devaient loger pour voir si elle serait propre pour leur habitation ainsi que l'ordonnent les décrets du saint concile de Trente, ce qu'il accorda volontiers et se transporta lui-même sur les lieux ; et après avoir entendu la messe dans la chapelle dudit monastère, visité tout le reste du logement et de l'enclos, l'ayant trouvé propre pour leur demeure et clôture, il permit de parole leur établissement et installation dans ladite maison, disant que dès qu'il aurait reçu ses bulles de Rome, se serait fait sacrer archevêque, et que les religieuses auraient contracté, avec leur fondatrice, il ferait expédier, par ses officiers, la même permission par écrit et en bonne forme.

Au bout de cinq jours que les religieuses eurent séjourné au Plessis, le 28 du mois de novembre, madame de Plainville, leur fondatrice, Mme la présidente Gobelin, sa belle-sœur, et plusieurs autres dames et demoiselles de qualité, ses proches parentes, les y allèrent chercher pour les amener à Paris et les mettre en possession de la maison et monastère qu'elles leur avaient fait préparer.

Leur arrivée à Paris.

Elles en partirent en carrosse sur le midi, accompagnées du révérend père provincial et du père prieur de Saint-Etienne du Plessis, et arrivèrent à Paris sur les deux heures, et mirent pied à terre dans la cour des religieuses carmélites de Notre-Dame-des-Champs. Elles y trouvèrent le père prieur de Saint-Bernard, suivi de trente religieux de son monastère, qui leur fit une petite harangue pour témoigner la joie qu'ils avaient tous de leur heureuse arrivée en cette ville et de leur établissement, dont on se promettait de très grands biens pour l'avancement spirituel de beaucoup d'âmes, et remerciant Dieu, qui les avait si heureusement conduites pour donner commencement à une si sainte entreprise, le père prieur leur ayant présenté à chacune une petite croix de bois toute simple, ils entrèrent tous ensemble dans l'église des Carmélites pour y faire leur prière, laquelle étant finie, les religieuses s'approchèrent de la grille du chœur où la mère prieure des Carmélites les attendait accompagnée d'une grande partie de ses religieuses. ».

Descente aux Carmélites.

Après échange de compliments et politesses, les Feuillantines prennent congé des Carmélites pour se rendre à leur nouvelle maison.

Arrivée au monastère.

« La procession fut ordonnée pour aller conduire les religieuses à leur monastère de Notre-Dame de Charité, en la manière qui suit : devant tous marchait un religieux portant l'eau bénite et aspergeant les lieux et les chemins par où la procession devait passer ; suivait un autre frère, qui portait la croix, et, après lui, les trente religieux distingués (1) en deux rangs que le père provincial et le père prieur terminaient.

Après eux venaient les six religieuses.

La mère prieure était conduite par Mme la duchesse de Mercœur, domne Magdeleine de Saint-Jean par Mlle de Longueville, domne Blanche de Sainte-Agnès par Mme la marquise de Maignelay, domne Marie de Saint-Benoist par Mme la marquise de Mortemart, domne Jeanne de Saint-Jérome par Mme de Plainville, et domne Catherine de Toussaint par Mme la présidente L'Escalopier, les religieuses tenant les croix que le père prieur leur avait données. »

(1) Divisés probablement.

Suivent les cérémonies liturgiques et les visites de la maison constituant les formalités de la prise de possession du monastère.

« Quelque temps après leur arrivée dans cette ville, elles commencèrent à recevoir des postulantes ; la première de toutes fut la sœur Anne de Sainte-Marie, dite au siècle la demoiselle de la Halle, qui fut reçue et entra le vingt-sept décembre, jour de Saint-Jean l'évangéliste.

Peu de temps après elles en reçurent cinq autres pour faire un nombre suffisant pour chanter l'office divin. On leur donna pour maîtresse des novices domne Magdeleine de Saint-Jean, qui fut en même temps nommée sous-prieure du monastère.

Mme de Plainville, fondatrice.

Six mois après leur établissement, elles passèrent contrat avec Madame de Plainville, par lequel elle se rendit leur fondatrice et leur donna vingt-sept mille livres pour faire l'acquisition de la maison et enclos de leur monastère, et deux mille livres de rente perpétuelle pour le fonder.

Elles passèrent aussi contrat avec le père provincial qui, en vertu de la commission que lui avait donnée le père général, leur fit cession et transport de la dite maison acquise pour la congrégation par le chapitre du monastère de Saint-Bernard, à Paris.

La dite maison contenait plusieurs corps de logis peu considérables, mais qui, dans les cours et jardins, avait un terrain considérable, contenant environ sept arpents, comme il paraît par plusieurs procédures entre MM. de Sainte-Geneviève et Saint-Marcel au sujet de la seigneurie et qui fut partagée entre eux, chaque église ayant eu 2.100 livres pour son indemnité et quinze deniers de cens chacune. Il est porté dans les acquisitions qu'il y a droit de tour d'échelle au long des murs du dit héritage, droit à deux étaux de boucherie et jeux de paume. Tout ce terrain aboutissait à quatre rues : au couchant, à la rue Saint-Jacques ; au midi, à la rue des Marionettes, qui est à présent la ruelle qui nous sépare du Val-de-Grâce ; au levant, à la rue des Vignes, entre les filles de la Miséricorde, dites autrefois la Santé, et le jardin des Feuillantines ; au nord, à la rue du Paradis, dite autrefois Coupe-Gorge, séparant les Ursulines des Feuillantines et partagée, par la suite entre elles après bien des procédures. Les autres maisons acquises depuis, comme celle de l'Image-Saint-Martin, en deux parties, en 1681, 16.000 l.; du Petit-Ecu en 1678, 3.600 l. ; des Grosses-Patenotes en 1677, 6.000 l. ; de la Grâce-de-Dieu en 1667, 3.300 l., étaient sur la rue Saint-Jacques. On a abattu celle du Petit-Ecu et celle des Grosses-Patenottes pour faire la grande entrée d'aujourd'hui. La maison acquise de M. Roussel, qui était occupée par les petites pensionnaires, donnait sur la rue du Paradis ; tout le terrain qui s'étend le long de cette rue est de la censive de Sainte-Geneviève, et celui qui est le long de la rue des Marionettes est de l'église de Saint-Marcel. La dite maison de la Tête-Noire contenait les maisons louées par le passé aux sieurs de Noisy, Léveque, Soffrai et Parmentier, dont elles font partie. Le grand corps de logis de Mme Guénégaud, avec partie de son jardin, qu'elle tenait des religieuses, et tout le terrain qui s'étend jusqu'au bout du jardin, mur de la grotte, étaient de cette acquisition; et ce fut de la maison de M. de Noisy, où l'on fit dans la grande salle une chapelle, et qu'on accommoda les autres endroits pour y vivre régulièrement; et toutes choses étant prêtes on fit venir les six religieuses de Toulouse comme il est marqué ci-devant.

Les plans et les fondements du nouveau monastère faits le 17 septembre 1625, le cardinal Barberin, neveu et légat du Pape en France, ayant célébré la sainte messe et donné la communion à toutes les religieuses, vint au nouveau bâtiment et y posa la première pierre. Trois jours après, il se fit un fontis qui abattit la muraille du petit jardin ; il y avait auprès une table de pierre très grande qui tomba dans le fontis et qu'on ne put retrouver malgré toutes les recherches qu'on en a faites. Cet accident arriva sur les deux heures après minuit. On a rendu grâce à Dieu de ce que personne n'avait péri, nombre de religieuses ayant passé une partie de la récréation, à cet endroit, la veille et les jours précédents. On fut indécis si l'on bâtirait à cet endroit et l'on visita les carrières tant dessous le vieux bâtiment que sous la place du nouveau. Ayant fait tirer des plans justes par des experts, on trouva sous l'un et l'autre plusieurs endroits fort dangereux et qui menaçaient ruine, particulièrement sous le vieux où habitaient les religieuses; on croyait même n'avoir pas le temps de bâtir des piliers de maçonnerie pour le soutenir, qui néanmoins furent faits en diligence, mais les ouvriers ont assuré qu'ils avaient vu la terre s'affaisser plusieurs fois et qu'ils avaient manqué de périr.

On travailla ensuite aux endroits les plus dangereux, sous le nouveau bâtiment particulièrement, à une seule cloche très grande, qu'il a fallu vider, et faire un mur depuis le fond de la carrière jusqu'à la surface de la terre, avec une dépense excessive et un continuel péril des ouvriers, par la quantité de terre et de pierres qui y tombaient, ce qui est arrivé plusieurs fois des fêtes qu'il n'y avait point d'ouvriers ; mais leurs outils, échelles et échafauds se trouvèrent brisés et perdus ; les fondations ont été près d'un an à faire.

Le 2 juillet 1626, jour de la fête de la visitation de Notre-Dame, on a commencé sur terre le bâtiment du nouveau monastère, dont la première pierre fut posée quelques jours avant par Monsieur le maréchal de Bassompierre. L'année suivante, la nuit du samedi-saint au jour de Pâques, les ouvriers qui travaillaient à la susdite cloche s'étant retirés le samedi au soir, le fontis s'enfonça jusqu'au fond de la carrière, où tous les échafauds, cordages, échelles et ustensiles furent ensevelis dans les terres et y sont encore, sans qu'on croit les pouvoir jamais retrouver ; car y eut-il eu cinq cents ouvriers, ils auraient tous été étouffés, et tous les jours les religieuses, les ouvriers et les charrois passaient par cet endroit ; on loua et admira la divine providence, et on reconnut, par cet événement, que les mesures des experts avaient été justement prises.

Mort de Mme de Plainville.

En 1627, le 22 juin, décéda madame de Plainville, fondatrice de ce monastère, auquel elle laissa deux tentures de tapisserie, l'une représentant l'histoire de Judith, que nos mères ont vendu en 1646 pour la somme de 1.800 l., l'autre des bouquets en feuillage sur un fond blanc, et tous les tableaux de dévotion qu'elle avait.

Le 23, son corps fut apporté dans un carrosse, sur les 8 heures du soir, dans ce monastère, qui fut posé dans le sanctuaire de l'église ; il était embaumé, mis dans un cercueil de plomb, et dessus un poêle de velours noir avec quatre cierges.....

Accident arrivé.

L'an 1630, le dimanche 28 avril, sur les 4 heures après midi, à l'issue de vêpres et du sermon prêché par un père jésuite du collège de Clermont, il arriva une chose assez mémorable pour être laissée par écrit à notre postérité. Dom Hubert de Saint-Bernard, demeurant dans cette maison, pour avoir soin des affaires temporelles et conduire le bâtiment, fut prié par le père prédicateur et son compagnon, qui avait une sœur religieuse en ce monastère, de leur faire voir le nouveau bâtiment, ce qu'il fit volontiers. Ayant tout visité, dom Hubert dit qu'il fallait aussi voir les caves ; y étant descendu, il aperçut une échelle toute dressée pour descendre dans un petit caveau voûté, dessous une autre cave aussi voûtée, il s'en réjouit ne prévoyant pas ce qu'il lui allait arriver. Il descendit le premier, ensuite le prédicateur et son compagnon qui manqua tomber dans un grand trou, qui était au pied de l'échelle fait en façon d'un puits maçonné, depuis le haut jusqu'en bas, de moellons à chaux et à sable; le jésuite ne voyant pas ce trou à cause de l'obscurité était prêt à sauter dedans où il se serait tué ; dom Hubert le voyant en si grand danger s'écria : Oh ! mon père, que faites-vous ; ce cri le fit tenir si fermement de la main droite qu'il ne tomba pas tout à fait dans le trou ; dom Hubert le tira à lui comme on tire un sceau sur la mardelle d'un puits et leur dit : allons nous en, car voilà un miracle et un effet de la bonté de Dieu. Dom Hubert monta le premier par cette échelle, mais lorsqu'il fut au milieu, elle rompit sous ses pieds et il tomba avec la moitié dans le trou ; il se fit un bruit comme d'un sac de blé qui tomberait du haut d'un grenier dans le bas d'une maison; les deux jésuites se jetèrent à genoux, l'un réclama le secours de la sainte Vierge, l'autre celui de saint Ignace croyant dom Hubert mort, et ne pouvant remonter pour chercher du secours, l'échelle étant rompue ; ces bons pères seraient restés là toute la nuit, et dom Hubert dans le fond de la carrière, lieu a plus de neuf toises de profondeur, si les religieuses qui avaient projeté d'aller ce jour-là, à l'heure de la récréation au nouveau bâtiment, parce que les ouvriers n'y étaient pas, n'eussent envoyé frère Jean de Saint-Bernard, demeurant chez les pères, au bâtiment, pour dire à dom Hubert qu'il ait la bonté de revenir avec sa compagnie parce qu'elles voulaient aller se promener au bâtiment. Frère Jean partit sur-le champ; ne les trouvant pas il appela dom Hubert, personne ne lui répondait ; heureusement que le prédicateur avait laissé son manteau dans la cour proche du caveau où ils étaient descendus, ce qui lui fit croire qu'ils y étaient. Frère Jean descendit dans la cave avec précipitation, les deux pères qui étaient dans le caveau au-dessous eurent bien de la joie de le voir ; ils lui dirent que dom Hubert était tombé dans la carrière et qu'ils le croyaient mort. Il remonta bien vite porter cette triste nouvelle aux religieuses qui se mirent en prière, étant fort affligées ; frère Jean courut appeler les ouvriers du bâtiment qui accoururent avec leur cordages et un tour de moulinet par où quelques-uns descendirent avec de la lumière et du vin ; ils y trouvèrent dom Hubert couché sur le côté droit, ils le relevèrent et le firent marcher pour voir s'il n'avait rien de rompu ; puis ils le mirent dans une corbeille et le montèrent avec leurs cordages et poulies, lié et garotté, n'ayant pas la force de se soutenir, et de là le conduisirent dans la chambre ou le chirurgien l'attendait pour le mettre dans une peau de mouton ; chose étonnante on ne lui trouva aucunes blessures considérables que le corps un peu froissé et moulu, quoiqu'il y ait à présumer que de cinq cents personnes qui auraient fait une pareille chute aucune n'en serait revenue ; il ne fut que cinq à six jours au lit après cet accident et a vécu onze ans par delà ; il est mort le 23 août 1641, âgé de 58 ans ; il tomba en apoplexie dans le cimetière de Saint-Jacques, et fut enterré dans l'église qui est aujourd'hui notre chapitre ; c'est lui qui a fait bâtir la grotte. Il a demeuré seize ans dans cette maison et en a fait toutes les affaires depuis la mort de monsieur du Basty. C'était un saint religieux ; il fut généralement regretté.

Entrée des religieuses dans leur nouveau monastère.

L'an de grâce 1631, le 28 d'août, jour de la fête de Saint-Augustin, les religieuses feuillantines demeurant au faubourg Saint-Jacques-lès-Paris, entrèrent solennellement en leur nouveau monastère quoiqu'il ne fût pas, pour lors, parfaitement achevé.

Les cérémonies gardées en cette occasion furent premièrement, sur les 3 heures après-midi, que les religieuses qui étaient au nombre de trente-trois s'assemblèrent toutes à la porte de leur monastère, chacune rangée de son côté en chœur, tenant un cierge allumé, et une centaine d'autres cierges qu'on distribuait aux personnes de distinction, pendant que les pères feuillants, au nombre de quarante, furent tirer le saint Sacrement de l'ancienne église ; étant exposé sur l'autel, ils chantèrent l'hymne *Pange lingua* qui étant achevée, le père provincial, dom Jean de Saint-Martial, qui présidait la cérémonie, prit le Saint-Sacrement, et tous les pères sortirent de l'église chantant le cantique *Benedictus* ensuite *Te Deum laudamus*, marchant en cet ordre : premièrement la croix, les chandeliers et l'eau bénite, puis les feuillants allant deux à deux un cierge à la main, ensuite le Saint-Sacrement porté par le père provincial sous un dais en broderie, porté par quatre pères, le Saint-Sacrement soutenu par deux pères revêtus d'ornements somptueux, deux thuriféraires marchant à reculons pour encenser le Saint-Sacrement ; ils passèrent par la cour des religieuses qui y étaient rangées comme il a été dit. Après qu'elles eurent adoré le Saint-Sacrement, elles marchèrent deux à deux selon leur rang de profession, les plus jeunes les premières qui, au sortir de la première porte, rencontrèrent une si grande quantité de monde venu à la file qu'on ne voyait, depuis la porte Saint-Denis jusqu'à la porte Saint-Jacques, que carrosses et assemblés ; on a remarqué que Paris était désert ce jour-là pour venir en ce lieu. Tout ce monde s'était mis des deux côtés de la procession, et la plupart se baissait jusqu'à terre pour regarder les religieuses dessous leur voile qui leur couvrait le visage. Arrivés à l'église du nouveau monastère, tant les pères que les religieuses se mirent à genoux, le *Te Deum* achevé le père provincial dit les *oremus* et donna la bénédiction, ensuite il mit le très Saint-Sacrement dans le tabernacle, ce qui étant fait, ils sortirent de l'église chantant le psaume *Lauda Jerusalem dominum*, les religieuses suivant accompagnées de Mme la duchesse de Vendôme et de plusieurs personnes de la première condition qui passèrent, avec beaucoup de peine, au milieu de la foule de peuple qui était épars par tout le monastère, ce qui empêcha le reste de la cérémonie projetée à l'entière bénédiction de tout le monastère ; même c'est tout ce qu'on pût faire que de se retirer dans la grande chambre destinée pour le chauffoir, où il fut permis aux parents et amis des religieuses d'entrer et de s'entretenir avec elles, toujours le voile baissé. Elles furent assiégées des séculiers jusqu'à 7 à 8 heures du soir, qu'on fit enfin écouler avec l'assistance de nos pères ; ensuite les religieuses dirent complies dans la même chambre et remercièrent Dieu d'être délivrées d'un si grand embarras et danger, car plusieurs manquèrent d'être étouffées.

Les religieuses étant dans leur nouveau bâtiment, les bénédictins anglais prirent à bail leur ancienne maison pour 800 livres et y ont demeuré environ dix ans, après quoi on l'a fait accommoder pour des séculiers.

Remarque :

La maison de la Tête-Noire fut acquise pour nos pères, en 1621, par M. Lemoine, curé de Sainte-Opportune, de M. Bunault et de sa fille mineure. Cette maison consistait en une entrée et porte cochère, une grande cour, puits mitoyen, deux corps d'hôtel sur le derrière appliqués à une cave voûtée, salle, cuisine, chambres, greniers, deux escaliers dans la dite grande cour, trois grandes écuries, un grenier au-dessus, lieu d'aisance, un petit jardin derrière avec deux buchers et une petite cour, trois autres corps de logis consistant chacun en boutique, allée, cour, cave, salle, chambres sur chambres, greniers au-dessus, grande cour, lieu d'aisance, étable, les dits quatre corps d'hôtel et maisons joignant l'un à l'autre couverts de tuiles, et assis en la dite grande rue du faubourg Saint-Jacques. Item cinq jardins, tous clos de murs, étant derrière les susdites maisons, en l'un desquels, plus proche de la rue, il y a une butte en plate-forme bordée d'arbres à l'entour, et un cabinet au-dessus où il y a une étable et un grand puits fait en baignoire, un petit logis pour le jardinier appliqué à une salle, une chambre, un grenier au-dessus et une cave contre la dite butte. En un autre des cinq jardins, il y a aussi une maison ayant son issue par la rue des Marionnettes consistant en deux berceaux de caves, salle basse, et grenier au-dessus, deux étables, porte charretière. Item une autre maison sur la dite rue des Marionnettes ayant aussi deux berceaux de caves, salle, grenier au-dessus, deux petites cours, une étable de chevaux et une porte charretière, le tout couvert en tuile, façon de Flandre, et les cinq dits jardins joignant les uns aux autres, plantés d'arbres fruitiers de toutes espèces, trois puits dans trois des jardins. Item le droit de tenir étal de boucher aux maisons donnant sur la rue Saint-Jacques et droit de jeu de paume sur la rue des Marionnettes; voilà en quoi consistait la maison et dépendances de la Tête-Noire dont notre monastère fait la plus grande partie, le reste loué au dehors. Il paraît que le grand puits en baignoire, dont il est parlé ci-dessus, était celui qui est dans la cour du monastère et que la butte en était proche. Il est écrit dans un livre de recettes que nos mères, en octobre 1660, ont employé à acheter du blé 1.000 livres, qu'elles avaient reçues de M. de Bertilhac, trésorier de la reine, pour une portion de terre de notre jardin qu'elles avaient vendue et cédée aux religieuses du Val-de-Grâce pour accomplir leur clos; si elles ont été payées selon le prix des terres de ce temps, cette pièce pouvait être d'environ deux arpents et demi, ce qui a dû beaucoup diminuer notre jardin.

Dépense générale de tout le bâtiment :

Droits seigneuriaux :

1622	Achat de la place	27.000 l.		
1622	Réparations faites par nos pères .	18.400 .		
1626	Un demi-arpent de terre acheté des Ursulines, ce qui fait partie de la ruelle derrière la grotte, et partie en dedans	175 .		
	Amortissement de cette terre. . .	29 .	3 s.	4 d.
	Jouissance pendant 17 ans et demi.	7 .	13 .	4
	Maçon	176.825 .	2 s.	8 d.
	Charpentier	47.018 .		
	Menuisier	7.763 .	11 s.	
	Couvreur	9.273 .		
	Serrurier	7.862 .		
	Plombier	2.228 .	9 s.	6 d.
	Paveur	1.896 .		
	Vitrier	1.862 .	7 .	
	Peintre	2.862 .	2 .	
	Carrelage	2.759 .	8 .	6
	Parterre du préau	487 .	1 .	
		306.268 l.	8 s.	
	Plus d'autres frais	3.004 .	4 .	2 .
	Total.	309.272 l.	12 s.	2 d.

ce qui monterait aujourd'hui à plus du double, sur quoi le roi Louis XIII a donné en différents paiements depuis 1625, jusqu'en 1632, la somme de 45.289 livres à la sollicitation de monsieur des Noyers, conseiller d'état et frère des domnes Sublet des Noyers des six religieuses de Toulouse.

En 1647, M. le comte d'Orval, premier écuyer de la reine Anne d'Autriche, s'était offert de nous faire continuer à perpétuité, par la même reine, les 3.000 livres dont le roi nous gratifiait annuellement depuis longtemps ; il y a lieu de croire que nos mères ne l'ont pas refusé, mais que ce seigneur n'a pu l'obtenir pour nous.

Acquisitions de plusieurs maisons :

En 1675 une partie de la maison de l'Image-de-Saint-Martin . .	2.600 l.
En 1680 la 2e partie	13.000 l.

L'amortissement des 2 parties . .	2.266 l.	
La jouissance pendant 23 ans, sans avoir payé l'amortissement . .	336 l.	2 s. 4 d.
Total de cette maison	18.202 l.	2 s. 4 d.

C'est la maison attenant à la porte d'entrée de la rue et celle de la ruelle louée à Mlle de Ballerois qui en faisait les derrières, ainsi que le logement du portier.

En 1676, celle de l'Anon-Bridé, aujourd'hui la Grâce-de-Dieu. .	7.000 l.	
Amortissement	1.166 .	10 s. 4 d.
Jouissance pendant 12 ans . . .	127 .	15
Total de cette maison.	8.294 l.	5 s. 4 d.
En 1677, celle des Grosses-Patenottes	6.000 l.	
Amortissement	1.000 .	
Jouissance pendant 12 ans . . .	167 .	18 s.
En 1679, celle du Petit-Écu. . .	3.600 .	
Amortissement	600 .	
Jouissance pendant 10 ans . . .	80 .	
Total de ces deux maisons . . .	11.447 l.	18 s.

qui furent abattues en 1688 pour faire la ruelle qui forme l'entrée de la maison au dehors.

En 1682, la maison de Roussel .	7.000 l.	
Amortissement	1.166 .	13 s. 4 d.
Jouissance pendant 7 ans . . .	115 .	
	8.281 l.	13 s. 4 d.
400 pieds d'arbres et le berceau de fer dans un des jardins. . . .	3.000 .	
Total de cette maison. . . .	11.281 l.	13 s. 4 d.

qui était le logement des petites pensionnaires, anciennement, avec deux petits jardins d'un demi-arpent, la basse-cour et une partie de ruelle.

Cette maison a été abattue vers 1738.

En 1698, on a fait bâtir les parloirs et les appartements au-dessus qui ont coûté environ	15.000 l.

En 1688, on a fait faire la ruelle d'entrée, les tuyaux des fontaines avec quelques réparations à la maison de l'Image-Saint-Martin. ce qui a monté à la somme de .	13.807 l. 7 s. 4 d.
En 1688, on a fait bâtir la grande maison dans la cour d'entrée, qui a coûté.	42.173 l. 14 s. 8 d.
L'amortissement.	4.400
La jouissance pendant 4 ans et demi	270
Total de cette maison.	46.843 l. 14 s. 8 d.
En 1752 on a fait le bâtiment de la herse, qui a coûté.	15.346 l. 1 s.
En 1714 on a bâti le trou du service dans le grand jardin.	
En 1767 on a construit un clocher neuf sur le chœur qui a coûté .	3.250 l.

L'ancien était au bout du grenier au blé sur le jardin proche l'ancien chœur de nos mères, comme on verra à l'article de la nouvelle église.

Récapitulation des bâtiments et acquisitions.

Grand bâtiment.	288.272 l. 12 s. 4 d.
Eglise et chœur neufs.	210.000 l.
En 1772. Changement des officines	17.000
Les autres bâtiments	115.688 9 s.
Amortissements.	15.735
Acquisitions des maisons compris celle de la Tête-Noire	57.000
Total.	703.695 l. 12 s. 4 d.

Toutes ces sommes ensemble font celle de sept cent trois mille six cent-quatre-vingt-quinze livres douze sols quatre deniers, sans les augmentations et réparations faites depuis, qui n'ont pas moins été qu'à moitié de cette somme. Ainsi les dits bâtiments peuvent être évalués à onze cent vingt mille livres, environ le quart de ce que le monastère a reçu depuis son établissement, sans comprendre ce que les dames pensionnaires ont pu faire dans leurs appartements, à leurs frais.

1770. Celui qu'occupe aujourd'hui mademoiselle Du Theil a été bâti en 1636 pour madame la marquise de Mirebeau, et la chambre sur piloti en 1728. Il y a apparence que cette dame a été la première pensionnaire en chambre.

Remarques particulières :

La première en classe a été mademoiselle de Crussol, en 1652.

En la même année le roi fit don, à ce monastère, d'un moulin à bras pour moudre le blé qui sortait de l'enclos de Saint-Martin-des-Champs; en 1657 nos mères l'ont vendu 250 livres.

En 1629 Mme de Roquelaure, abbesse de l'abbaye du monastère (sic), a pris notre habit sous le nom de Sainte-Catherine-de-Jésus, mais elle n'a pas resté, non plus que Mme d'Epinay de Saint-Luc, abbesse d'Estival, même année. L'une et l'autre ont fait du bien à notre maison. Il a fallu, pour les recevoir, une permission de Rome.

En 1649 l'évêque de Memphis a donné les ordres sacrés de prêtrise, les 4 mineures et la tonsure dans notre église.

En 1652, temps des guerres civiles, nos mères en ont beaucoup souffert, tant par les peines que causent ces calamités, que parce qu'elles n'étaient point payées de leurs rentes et loyers de leurs maisons. En l'année 1633 est morte Mme Henriette de Boisac, comtesse de Beaugency, marquise de Verneuil, qui fut apportée à notre monastère pour y être enterrée dans le cloître de Saint-Benoît; elle y a laissé 3.000 livres, les ornements et l'argenterie de la chapelle.

En 1666, le père général dom Come de Saint-Michel (nommé évêque de Lombez en 1672) ordonna le changement de notre ancienne coiffure à celle que nous avons aujourd'hui.

Bâtiment de l'église et du chœur.

Ce terrain où est placé notre église est de la censive du chapitre du Saint-Sépulcre auquel nous payons sept livres dix sols par an. Cette rente, ainsi que celles de Sainte-Geneviève, Saint-Marcel et Saint-Magloire ne peuvent être rachetées parce que ce sont des droits seigneuriaux.

En 1669, la divine Providence ayant touché le cœur d'une personne de piété (Mlle Macquart, en religion domne Catherine de

Portail de l'eglise des Feuillantines du faulxbourg Saint Jacques

Saint-Augustin) et l'ayant incitée à nous donner une somme d'argent considérable pour la construction d'une église et d'un chœur dont nous avions un très grand besoin, et nos supérieurs nous permettant de l'employer à un si pieux dessein, pour cet effet, le révérendissime père général dom Cosme de Saint-Michel envoya un ordre à dom Louis de Saint-Bernard de se rendre à Paris, en notre monastère, pour en dresser le plan. Il vint exprès de Tours pour ce sujet, et à la prière du père général et de la communauté, il fit un fort beau dessin de l'église et du chœur qui a été reçu, approuvé et agréé, non seulement des supérieurs et de la communauté, mais encore des architectes les plus expérimentés de Paris, qui l'ont vu et examiné; après quoi les supérieurs et la communauté désirant qu'on y travaillât au plus tôt, dom Louis de Saint-Bernard donna ses ordres pour faire avoir de la chaux et fit faire les trous et les bassins pour l'éteindre. Le 19 août de la même année, veille de la fête de Saint-Bernard, qui fut le jour que l'on commença à travailler dans la basse-cour qui est vis-à-vis la porte de trappe, et au long de la muraille qui sépare la cour où est le grand puits proche une porte cochère qui est bouchée avec des moellons, on amena dix muids de chaux et on employa douze hommes tant pour tirer l'eau nuit et jour que pour la détremper.

Première pierre.

Le 21 avril 1670, le révérendissime père général dom Cosme de Saint-Michel, abbé de Feuillants, a fait la bénédiction de la première pierre de notre église avec toutes les cérémonies requises, et elle fut posée en l'honneur du Saint-Enfant-Jésus, domne Catherine de Saint-Augustin Macquard, notre chère fondatrice l'ayant désiré ainsi, et pour satisfaire à sa dévotion et à celle de toute la communauté, dom Louis de Saint-Bernard, architecte du bâtiment, prit le premier enfant qui entra ce jour-là, dans le monastère, comme celui que la Providence lui avait envoyé; il se nomme Barthelemy-François Delaroche, fils d'un soldat des gardes; ses père et mère sont extrêmement pauvres, mais gens d'honneur et de vertu, au rapport de tous leurs voisins; on l'habilla.

On a gravé en latin, sur une plaque de cuivre, ce qui suit :

✠

Jesus Maria Joseph

Infans Jesus Christus vere lapis angularis, et totius ecclesiæ immutabile fundamentum, per manus infantis hunc primarium ecclesiæ fulientinarum lapidem posuit, anno reparatæ salutis 1670 die 21 aprilis, sede Romana vacante, Ludovico quarto decimo regnante, Rmo Dno Cosma Michaelo congregationis fulientinorum Præposito generali. Dna Maria a Sto Claudio hujus monasterii Priorissa. Dna Catharina Francisca a Sto Augustino munificentissima hujus œdificii fundatrice. Rdo Dno Ludovico a Sto Bernardo hujus operis ductore peritissimo. Et denique moniliarum fulientinarum confessore meritissimo Dno Francisco a Sto Nicolao.

✠

Bénédiction de l'église.

Le 30 octobre 1672, le révérend père provincial de France, dom Jean de Saint-Benoît fit la bénédiction de notre nouvelle église, bâtie par la charité de domne Catherine de Saint-Augustin, qui s'en était rendue la fondatrice, domne Claude de Sainte-Marie étant prieure. Il y chanta la grand messe pour la première fois, la dédiant à l'honneur de la très sainte Vierge, mère de Dieu, sous le titre de Notre-Dame de Charité.....

Nos mères n'ayant pas pu faire le clocher, l'ancien, qui était audessus du cloître, proche leur ancien chœur, menaçant ruine, en 1767 les supérieurs permirent qu'on en construisît un neuf et qu'on le transférât sur l'avant-chœur, proche la place où nos mères avaient eu dessein de le faire, l'ancien se trouvant trop éloigné de l'église; ce qu'il a coûté est à l'article des bâtiments. La première cloche pèse 280 livres, la seconde 193 livres ; elles ont été fondues pour la première fois en 1624, la seconde en 1637 et la troisième en 1762 ; elles furent bénites dans le chœur, par le révérend père provincial dom Jean de Saint-Simon. La première se nomme Jeanne-Simone, et la seconde Marie-Raphaël, du nom de la mère prieure de ce temps.

Détail des dépenses faites pour l'église et le chœur.

Nos révérends pères ayant bien voulu conduire le bâtiment eux-mêmes, une partie des pierres et du moellon, la chaux, la grue, les cordages, tous les ustensiles de maçonnerie et journées des ouvriers ont monté à la somme de cent quarante-deux mille sept cent neuf livres

7 sols.	142.709 l.	7 s.
Le charpentier	15.672	
Le menuisier	13.820	
Serrurier	11.339	5
Sculpteur.	9.084	
Couvreur.	4.444	14
Paveur	3.876	18
Ebéniste pour le tabernacle.	2.833	
Fondeur des figures du tabernacle	960	
Dorure du tabernacle.	700	
Dorure des 12 croix et branches	332	
Autres dorures	240	
Peintre	681	10
Plombier	2.322	10
Tableau du maître-autel.	600	
Rideau de taffetas pour ce tableau.	84	
La Sainte Vierge et Saint Joseph dans le chœur.	450	
Cinq bénitiers, 2 de marbre.	31	
82 aulnes de serge de Mouy pour les rideaux du chœur	162	10
Leur façon compris les chassis de la grande grille, en toile noire.	86	16
Frottage du chœur, 1re fois	33	
Vitres de l'église et du chœur	600	
Total.	211.062 l.	10 s.

(Chappier 201 livres en 1687.)

La dépense de cet édifice aurait monté beaucoup plus haut, si la plus forte partie de la pierre et du moellon n'eût pas été tirée de nos carrières.

Il faut aussi remarquer que le parquet du chœur, non plus que toutes les armoires des deux sacristies ne sont point compris dans les mémoires ; il y a apparence que ça été des bienfaits. Les 86 chaises du chœur et toute la boiserie autour du même chœur ont monté à 8.800 livres, les 5.020 livres restant du mémoire du menuisier est la somme à quoi ont monté les planchers, portes et croisées de l'avant-chœur et de la grande tribune ; les planchers, portes et croisées des cellules du dortoir du saint-sacrement ; les portes et croisées des deux sacristies et des deux chambres au-dessus ; des portes et croisées du grand et du petit escalier, donnant dans la galerie des anges ; le cimetière et son passage ; porte de l'église, 900 livres ; tambour, 200 livres ; marche-pied de l'autel, 500 livres.

Au serrurier la grande grille du chœur seule a coûté 3.000 livres, celle du sanctuaire 1.800 livres. Au sculpteur, chaque figure de pierre (il y en a 16) dedans et hors l'église a coûté 300 livres ; la pierre du maître-autel portant neuf pieds et demi de long, 107 livres ; le pavé de l'église et des chapelles, 1.822 livres ; le perron de l'église, 400 livres. On peut voir à quoi a monté le reste de la sculpture de l'église ainsi que la serrurerie ci-devant.

Le tableau du maître-autel a été fait par M. Cuxac, peintre du roi, sur celui de Raphaël qui est dans le cabinet du roi :

Décoration des chapelles.

Celle de la Vierge :

Menuisier, compris 4 toises de parquet 115 livres. .	1.221 l.	14 s.
Peintre.	1.106	
Serrurier	500	
La figure de la Sainte Vierge	220	
Lampe d'argent pesant 3 marcs.	157	10
Epitaphe	80	
Total	3.285 l.	4 s.

Celle de la Conception en dedans :

Charpentier	242 l.	
Menuisier.	202	10 s.
Peintre	200	
Doreur.	144	
Couvreur	104	10
Serrurier	29	10
Vitrier	22	
Quatre toises de parquet	115	
	1.059 l.	10 s.

Celle de l'Enfant Jésus dans l'église, menuisier et sculpteur :

Le lambris	350 l.		
Deux têtes de chérubins et arche d'alliance . . .	90		
L'Enfant Jésus dans une gloire avec les têtes des chérubins.	220 l.		
La Sainte Vierge et Saint Joseph.	150		
Saint Joachim et Sainte Anne.	400		
Serrurier.	95		
Total. . . .	1.305 l.		
En 1687. Les trois chapelles ensemble.	5.649 l.	14 s.	

La loterie :

Le bâtiment de l'église ayant beaucoup obéré la maison, en juin 1713, le roi Louis XIIII a accordé à nos mères, en faveur de Monsieur Biet, premier apothicaire du roi, beau-frère des domnes Anne de Saint-Bernard et Marie de Saint-Athanase Juillet, quinze pour cent du bénéfice de deux mois de la loterie, qui a monté à la somme de quatre-vingt-dix-huit mille deux cent cinquante livres quatre sols . . . . 98.250 l. 4 s.

Emploi de ce bénéfice :

Les frais de la loterie.	16.074 l.		
Dettes acquittées	50.461 l.	8 s.	4 d.
Réparations dans la maison	9.144	2	6
Pertes de la loterie.	1.050	12	
Du surplus, acquisition de deux contrats sur les actes des notaires : le 1er de.	12.000		
Le 2e de	11.072		
Nos mères y ayant ajouté	1.352		
Il est écrit qu'elles ont retiré net du bénéfice de la loterie	88.135 l.		
En 1625, le roi Louis XIII nous a gratifiés d'environ.	46.000		
Ces deux sommes ensemble font celle de . .	134.135 l.		

Voilà tous les bienfaits de la cour pour notre maison ; du reste, nos mères l'ont faite elles-mêmes telle que nous la possédons aujourd'hui. Il est écrit qu'en 1626, la reine-mère fit don à nos mères d'un arpent de pierre (1), apparemment pour le bâtiment ; il n'est point marqué à quel endroit c'était. Il y a lieu de croire que cette princesse nous a fait venir, à la sollicitation de madame de Plainville, qui avait le pieux dessein de fonder un monastère de Feuillantines à Paris. La reine nous a beaucoup protégées pour former notre établissement, mais il est à présumer que si elle nous eut fait venir, de son propre mouvement, elle aurait fondé notre maison et n'aurait pas passé plus de deux cents fois devant notre porte, pour aller au Val-de-Grâce, sans nous avoir honoré une seule fois de sa présence ; elle n'a pas même défrayé nos mères de leur voyage, puisqu'il leur en a coûté 900 livres, pour venir de Toulouse à Paris.

En 1695, le bâtiment de l'église ayant beaucoup obéré la maison et au point qu'on devait 104.057 livres, les créanciers pressant très fort pour être payés, sans vouloir donner du temps, poursuivant rigoureusement et faisant beaucoup de frais en différentes juridictions, ce qui allait à la ruine entière de la maison, nos mères eurent recours à l'autorité du roi pour qu'il plût à Sa Majesté de nommer des commissaires devant lesquels elles offraient de donner un état de leurs biens et revenus et de convenir de tous les moyens qui seraient jugés par les dits commissaires les plus convenables et les plus prompts pour le paiement de leurs créanciers. Le roi eut la bonté de leur accorder plusieurs arrêts dans son conseil d'état, l'un desquels faisait défense aux créanciers de faire aucunes poursuites ailleurs que par devant MM. Daguesseau, Bignon et de Marillac, conseillers d'état, commissaires pour nos affaires. Un autre arrêt a nommé pour syndic de nos créanciers M. Doublet, à qui la maison devait, et M. Maillard, secrétaire du roi, qui prenait les intérêts des religieuses de la Visitation-Saint-Jacques, à qui nous devions aussi. M. Moufle, notaire, fut nommé pour recevoir pendant six mois les deux tiers du revenu pour payer les créanciers, et l'autre tiers resta à la maison pour en payer les charges et réparations et pour la subsistance de cent six personnes, les religieuses au nombre de soixante-cinq du chœur et treize sœurs converses ; par un autre arrêt elles furent rendues libres de recevoir elles-mêmes leurs revenus pendant trois ans, à condition de payer à leurs créanciers, de six mois en six mois, une demie année de leurs arrérages, et qu'elles seront tenues de se justifier aux syndics des dits créanciers de l'emploi du surplus de leurs

(1) Probablement un terrain contenant de la pierre.

revenus, et du dit surplus faire les réparations de leur maison, payer les charges de police et autres. Il y a apparence que pour lors nos mères ne vivaient que de casuel et des bienfaits de leurs amis, car le tiers de leur revenu annuel n'était que de 4.500 livres : depuis 1695 jusqu'en 1705, elles ont acquitté, par leur économie, 45.000 livres et sans la bonté du roi à leur égard, qui a arrêté la poursuite des créanciers, elles auraient été obligées de sortir de leur monastère et d'aller vivre où elles auraient pu. Il y a apparence qu'elles n'ont pu se remettre entièrement de leurs mauvaises affaires qu'en 1713, que le roi leur donna une nouvelle marque de sa bonté, en leur accordant le bénéfice de deux mois de la loterie comme il est marqué plus haut.

Frais de la dédicace de notre église :

200 d'imprimés	16 l.	
Les carrosses	13	5 s.
Repas	400	
Diner des pères aux anges	100	
Pain	64	10
Carrosses des pères	19	
Aux domestiques de l'évêque	105	
A un officier et six gardes de la Ville pour le jour de l'octave	30	10
Total de ce qui est écrit.	790 l.	5 s.

En 1723, le roi Louis XV, visitant les monastères de ce quartier, vint à la grille de notre chœur où toute la communauté était assemblée. La mère prieure, dame Magdeleine de Saint-Léonar, complimenta sa Majesté, et Mlles Mercier, filles de sa nourrice, qui étaient pensionnaires ici, furent admises à l'honneur de lui baiser la main.

En 1635, Mme Antoinette de Loménie, dame de Fontaine-Française, souveraine de Chaume, veuve en première noce de messire André de Vivonne, seigneur de la Chateigneray, chevalier des ordres du roi, capitaine des gardes de la reine régente, mère du roi, grand fauconnier de France ; en seconde noce de messire Jacques de Chabot, marquis de Mirebeau, seigneur de Charny, lieutenant général pour le roi au gouvernement de Bourgogne, cette respectable dame proposa à nos mères de lui donner l'entrée dans le monastère, toutes les fois qu'il lui plairait, pour profiter de leurs bons exemples et saintes conversations. Le chapitre ayant accepté cette proposition,

Mme de Mirebeau passa contrat par lequel elle donnait la somme de cinq mille livres pour lui bâtir un petit corps de logis, qui est aujourd'hui l'appartement de Mlle du Theil, à l'exception du bas, qui était fait, et la chambre sur piloti, qui a été bâtie bien depuis ; cette dame fit insérer dans le contrat que, voulant jouir des droits de bienfaitrice, elle laissait par testament, à ce monastère, la somme de vingt mille livres aux charges et conditions qu'elle y aurait droit de sépulture, qu'elle serait libre d'aller dans tout le monastère en habit séculier, qu'elle mangerait au réfectoire autant de fois qu'elle le voudrait, que, lorsqu'elle vivrait dans son appartement, elle mangerait en gras et serait servie par une religieuse qui coucherait auprès d'elle. Elle commença à occuper son corps de logis au 1er janvier 1636 et n'en a joui que jusqu'au mois de septembre de la même année, que Mgr l'archevêque de Paris fit des défenses expresses à tous les monastères de filles, dans le diocèse, de donner l'entrée de leur clôture à toutes personnes de quelque qualité qu'elles fussent, même aux fondatrices des monastères, à peine d'excommunication. Nos mères furent fort affligées de cette défense, vu les engagements qu'elles avaient contractés avec Mme de Mirebeau. Le père provincial alla supplier Monseigneur l'archevêque de lever cette défense pour Mme de Mirebeau, eu égard à son mérite et à sa grande piété, ce qu'il ne put obtenir, quelques instances qu'il fit. Nos mères se trouvèrent forcées de représenter à ladite dame les défenses de l'archevêque, ce qui lui fit beaucoup de peine, néanmoins elle se soumit aux ordres dudit archevêque et comprit bien l'impossibilité où les religieuses étaient de remplir l'engagement contracté.

Fermeture de la rue de Paradis.

Lorsque les Feuillantines achetèrent le terrain de la Tête-Noire, il y avait entre cette maison et les Ursulines une ruelle fort étroite ; — à des endroits elle n'avait que six pieds, et les voitures n'y pouvaient pas passer ; — on la nommait rue de Paradis, parce qu'elle était entre deux couvents. Le public s'en faisait un passage pour aller au faubourg Saint-Marcel où elle aboutissait d'un côté, et de l'autre à la rue Saint-Jacques, ce qui occasionnait beaucoup de désordres ; les jours et les nuits, il s'y commettait des meurtres et des vols, et toutes sortes de crimes ; on y apportait aussi toutes les immondices du quartier, elle était de 260 toises de longueur.

Les Feuillantines, s'en trouvant fort incommodées et n'étant pas en sûreté, ayant vu plusieurs fois des soldats monter sur leur mur pour descendre dans leur maison, présentèrent, conjointement avec les Ursulines, une requête à Messieurs les trésoriers de France, en 1646, pour demander la fermeture de cette ruelle; en 1660, elles obtinrent un ordre du roi, que la dite ruelle serait fermée par une porte à chaque bout, faite aux frais des deux communautés, et qu'elles seraient ouvertes le matin et fermées le soir pour ne pas priver le public de ce passage, et une sentence de Messieurs les baillys du palais contre les bouchers du faubourg Saint-Jacques qui y apportaient toutes leurs tripailles. Cet ordre du roi ne faisant pas cesser les désordres, les Feuillantines, les Ursulines et les propriétaires des maisons voisines présentèrent une nouvelle requête à Messieurs les trésoriers de France, comme grands voyers; il y eut plusieurs descentes du Châtelet, et sur les procès-verbaux de Messieurs les trésoriers, la rue de Paradis, qu'on nommait aussi coupe-gorge, fut entièrement fermée en 1680, par un nouvel ordre du roi et lettres patentes scellées du grand sceau de cire jaune, données en novembre de la même année et enregistrées au parlement le 8 mars 1681, malgré les oppositions du public. Les originaux des lettres patentes et autres lettres qui regardent cette ruelle sont restés entre les mains des Feuillantines. Par l'ordonnance de Messieurs les trésoriers de France, il fut fait un alignement de la dite ruelle, et elle fut partagée entre les Feuillantines et les Ursulines, et M. Roussel, dont la maison était au bout de cette ruelle, du côté de la rue Saint-Jacques. Messieurs de Sainte-Geneviève en amortirent le fonds au profit des deux communautés, moyennant 20 sols de rente par an.

En 1682, les Feuillantines firent acquisition de la maison du sieur Roussel, qui consistait en cinq petits corps de logis se joignant l'un à l'autre, deux petites cours, un petit jardin et un autre jardin d'un demi-arpent où il y avait un autre petit corps de logis et un berceau de fer, qu'on a transféré dans le grand jardin en 1755, lorsque Mme la marquise de Vernejou a fait bâtir en partie, à la place de ce berceau, le petit corps de logis appliqué au mur du jardin de la grande maison, dans l'avant-cour du dehors.

Cette dame loua ce petit jardin, y fit planter des tilleuls et le fit sabler; elle fit faire aussi le mur qui sépare ce jardin de la cour des poules, et une porte de fer grillée. Après la mort de cette dame on mit les tilleuls dans le grand jardin et on planta à la place des arbres fruitiers dans le petit. La partie de ruelle de cette maison fut comprise dans l'achat ; les Ursulines la disputèrent aux Feuillantines, prétendant qu'elles en devaient avoir la moitié. Ce différend dura plusieurs années, mais en 1686 il fut terminé par un arrêt du parlement qui en a donné la propriété aux Feuillantines, à l'exception d'une partie qu'il rend commune aux deux couvents, où il doit y avoir une porte-cochère, dont chaque communauté doit avoir une clef. Ladite porte doit rendre dans un petit cul-de-sac dont l'ouverture donne dans la rue Saint-Jacques. A la fin les Ursulines reconnurent qu'elles avaient perdu le droit de passage par cette ruelle en vendant en 1626 (1) le demi-arpent de terre aux Feuillantines qui, par cet achat, acquerraient le droit de passer, par cette ruelle, pour aller dessus ce demi-arpent de terre. En outre l'ancien propriétaire de la maison de la Tête-Noire y avait droit de passage ; par ces deux raisons les Feuillantines acquirent la propriété et le droit de passage à l'exclusion des Ursulines ; les Feuillantines pouvaient, dès ce temps, de leur autorité, renfermer leur demi-arpent sans y laisser ruelle, par ce moyen les Ursulines n'y eussent eu ni droit de propriété ni de servitude, et ce ne fut que par tolérance et pour leur commodité particulière, que les Feuillantines laissèrent la place qui a continué la ruelle, depuis le jardin de Roussel jusqu'à la rue des Vignes. Il s'ensuit de tous ces faits que les Ursulines n'ont de droit dans cette ruelle que sur la troisième partie que les lettres patentes du roi leur ont accordée et à nous les deux autres. Dans la suite les Feuillantines firent abattre leur mur et celui des Ursulines devint mitoyen.

En 1688, les deux communautés firent les clôtures dont les frais montèrent pour les Feuillantines à 361 livres, et la porte cochère de moitié, à 148 livres. En 1693, les Ursulines firent accord avec les Feuillantines de baisser le mur de leur second enclos, à cause de l'incommodité que sa hauteur occasionnait à nos bâtiments, et ont contribué par moitié à la construction de douze piliers buttants, pour soutenir la poussée de nos terres, qui sont plus hautes de notre côté que du leur. Ce mur leur appartenait seul avant la fermeture de la ruelle ; les frais ont monté à 150 livres pour moitié. Comme il y eut brèche, le deux communautés se visitèrent ; il est écrit chez les Ursulines qu'à une prise d'habit qu'elles eurent, dans ce temps, il y avait d'un côté de leur chœur soixante Feuillantines et de l'autre

(1) Probablement 1726.

soixante Ursulines, mais depuis nos supérieurs ont fait des défenses expresses qu'à l'avenir on passât les unes chez les autres, lorsqu'il y aurait brèche, ce qui arriva en juin 1770, que le petit mur fut relevé tout entier depuis les fondements ; les deux communautés se vinrent voir à la brèche, restant chacune de leur côté, et tout se termina par beaucoup de politesses de part et d'autre ; nous en reçumes beaucoup en particulier des Ursulines de Saint-Cloud, qui étaient pour lors chez celles de Saint-Jacques au nombre de douze.

Vers l'année 1716, les propriétaires de la maison attenant à la porte cochère de la ruelle, bâtirent sur cette porte et s'en rendirent propriétaires sans le consentement des deux communautés. En 1719 on leur intenta procès ; en 1720 on obtint une sentence de MM. les trésoriers de France contre le baron de Roulay, possesseur de la maison de la veuve de Lavé, attenante de la porte cochère Ce procès resta impoursuivi jusqu'en 1733, que les confesseurs des Ursulines firent des poursuites pour le faire juger au parlement, où le baron du Roulay avait appelé en 1720 de la sentence des trésoriers de France. Depuis 1733 il a encore demeuré impoursuivi jusqu'en 1743, que M. Mosteri, confesseur des Ursulines, a poursuivi vivement le jugement sans avertir les Feuillantines, et a fait beaucoup de frais. Ce procès étant prêt à être rapporté, cet abbé en vint prévenir les Feuillantines qu'après de mûres réflexions, et ayant considéré la poursuite de la veuve de Lavé, qui était réduite à la charité de la paroisse, se laissèrent toucher par ses larmes, et prièrent les Ursulines d'en avoir compassion, vu que ladite veuve, n'étant pas en état, les frais du procès retomberaient sur les deux communautés. Les Usulines ont consenti que ledit procès soit éteint et assoupi, d'après la promesse de la veuve de Lavé et ses successeurs, de ne jamais faire d'augmentation au petit logement construit sur notre porte cochère. Les trois parties ont fait une transaction entre elles et les frais, tant du procès que de la porte cochère, ont monté pour chaque communauté à 310 livres. Ce passage nous est tout a fait inutile depuis qu'on a détruit la maison des enfants ; la raison qu'on a eue de s'en conserver le droit en payant la moitié des frais et moitié de la construction d'une seconde porte cochère a été de prévenir les disputes qu'on aurait pu avoir, dans la suite, avec les Ursulines, qui pourraient faire bâtir et incommoder les Feuillantines en tirant des jours sur leur jardin, ou par quelqu'autres incommodités qu'on n'aurait pas prévues. Les Ursulines ont dans leurs archives tous les papiers de la procédure et le plan du terrain ; elles ont aussi l'acte de renonciation que le sieur Paul a fait signifier en 1723, par lequel il déclare n'avoir aucun droit dans ladite ruelle, son mur est tout à lui et l'on n'est pas obligé de contribuer à le relever s'il venait à se démolir. Les tuyaux des Ursulines sont dans le bout de cette ruelle commune. Les frais de fermeture de la rue de Paradis ont monté pour les Feuillantines à 610 livres ; la sentence contre les bouchers à 51 l. 10 s. ; frais de clôture, 361 livres ; piliers-buttants 150 livres ; porte cochère, 148 livres ; le procès de la veuve de Lavé et la reconstruction de la porte cochère, 310 livres ; en 1770 reconstruction du petit mur, 680 livres ; la grille, 263 l. 12 s. ; les frais de cette ruelle montent en tout jusqu'à présent à 2.575 l. 2 s., non compris les 20 sols de rente annuelle qu'on paye à MM. de Sainte-Geneviève pour le droit seigneurial.

La tradition dit que les Feuillantines, dans les premiers temps de leur arrivée à Paris, ont refusé d'acheter le grand clos qu'ont aujourd'hui les Ursulines, qui l'ont acquis dans ce temps pour 1.500 livres et qu'on dit en valoir présentement 10.000 livres. La raison du refus des Feuillantines a été, dit-on, qu'il aurait fallu faire un acqueduc (1) pour aller à ce clos, la ruelle n'étant pas encore fermée ; qu'en outre ce terrain était en friche. En 1769, nous avons fait relever un mur mitoyen avec les Bénédictins anglais dans la ruelle d'entrée, dont nous avons payé les trois quarts, à raison de ce que notre terrain étant plus haut, il aurait dû avoir été fait anciennement (en 1673) un contremur dans les fondations, à notre charge, ce qui ne s'est pas trouvé fait. Il est reconstruit aujourd'hui avec les conditions requises, de sorte que les Bénédictins contribueraient pour moitié aux frais qu'il y aurait à y faire dans la suite ; cette réparation a coûté aux Feuillantines 730 livres.

Rue des Marionnettes.

En 1691, le Val-de-Grâce, les Bénédictins anglais, les Feuillantines, les Ursulines, la Providence, les Orphelines, étant informés qu'il se passait dans la rue des Marionnettes les mêmes désordres qu'autrefois dans la rue de Paradis, présentèrent leurs suppliques pour demander que la dite rue fût fermée ; elles en obtinrent la per-

(1) Certainement un viaduc.

mission, comme il paraît par les pièces qui sont dans le chartier du Val-de-Grâce. Cette maison est dépositaire des lettres patentes du roi enregistrées en parlement le 26 juillet 1691 pour la clôture de la dite rue, et une permission donnée à M. d'Argenson de faire une porte sur la dite rue.

En 1761, les habitants du faubourg Saint-Jacques demandèrent l'ouverture de la dite rue ; toutes les susdites communautés, jugeant justement qu'il n'y avait pas moins d'inconvénients à présent que par le passé, et que leurs maisons ne seraient plus en sûreté, présentèrent une nouvelle supplique à Monsieur le lieutenant de police, pour empêcher que cette rue ne devienne publique ; vraisemblablement on l'a obtenu. Ce papier est avec les pièces de la rue de Paradis.

Depuis l'année 1624 jusqu'en 1659, nos mères ont reçu soixante religieuses du chœur, pour lesquelles elles ont reçu 309.000 livres et cinq places de fondation. Depuis 1624 jusqu'en 1700, ce qui fait 76 ans, il y a eu 143 professions, et depuis 1700 jusqu'en 1784, ce qui fait 84 ans, il y en a eu 55, ce qui fait 204 cédules, compris les 6 de Toulouse.

Nos mères ont payé un droit au curé de la paroisse de 8 livres par an, comme occupant des lieux sur cette paroisse, jusqu'en 1640 ; elles ne l'ont plus payé par la raison que nos pères n'en payaient point.

C'est dom Jean de Saint-Hubert, confesseur de la maison, à qui il était arrivé l'accident de tomber dans les carrières, qui a fait bâtir la grotte à ses frais. Elle a 24 pieds de pourtour. Dom Hubert est mort en 1641. En 1777 l'on a trouvé dans le chapitre sa tête décharnée avec toutes ses dents.

En 1779, le grand puits de la cour du monastère a été refait à neuf ; il a coûté 1.842 livres.

Notre jardin a 101 toises de long sur 70 de large du côté du grand bâtiment, et 50 du côté de la grotte. La première cour du dehors a 35 toises de long sur 4 de large.

En 1774, l'on a fait rebâtir la maison de la première cour du dehors, à main droite ; elle a coûté en total 23.000 livres.

En 1783, l'on a changé le timbre de l'horloge, le nouveau pèse 286 livres, celui de la demi-heure pèse 70 livres, les deux de la galerie (1) pèsent 30 livres, ce qui fait 386 livres de métal à 43 sols la livre.

(1) La galerie des parloirs.

Il y a aussi dans la chapelle de la Conception un reliquaire, à bord noir, où il y a de la pierre du même autel sur lequel saint Jean l'Évangéliste écrivit l'Apocalypse. Cette pierre a été tirée et taillée des propres mains de l'évêque de Samos, abbé de la grotte de Saint-Jean, dans l'île de Pathmos. Il y a aussi un billet du même saint; l'authentique est scellé du sceau du même évêque.

Liste des prieures depuis l'origine de ce monastère :

1. Depuis mai 1622 jusqu'en septembre 1627, domne Marguerite de Sainte Marie de Rosny.

2. Depuis 1627 jusqu'en décembre 1630, domne Madeleine de Saint-Jean.

Depuis 1630 jusqu'en décembre 1636, domne Marguerite de Sainte-Marie.

Depuis 1636 jusqu'en octobre 1640, domne Madeleine de Saint-Jean, morte prieure.

Depuis 1640 jusqu'en 1646, domne Marguerite de Sainte-Mairie.

3. Depuis 1646 jusqu'en 1649, domne Charlotte de Saint-Bernard-Pontcarré.

4. Depuis 1649 jusqu'en novembre 1650, domne Marie de Saint-Bernard, morte prieure.

Depuis 1650 jusqu'en 1656, domne Charlotte de Saint-Bernard.

5. Depuis 1656 jusqu'en 1659, domne Marie de Saint-Claude.

Depuis 1659 jusqu'en 1665, domne Charlotte de Saint-Bernard.

Depuis 1665 jusqu'en 1671, domne Marie de Saint-Claude.

Depuis 1671 jusqu'en mai 1672, domne Charlotte de Saint-Bernard, morte prieure.

6. Depuis 1672 jusqu'en 1678, domne Claude de Sainte-Marie.

7. Depuis 1678 jusqu'en 1684, domne de Claude de Saint-Charles.

Depuis 1684 jusqu'en 1690, domne Claude de Sainte-Marie.

8. Depuis 1690 jusqu'en 1696, domne Anne de Sainte-Madeleine Macquart.

9. Depuis 1696 jusqu'en 1702, domne Catherine de Sainte-Thérèse.

10. Depuis 1702 jusqu'en 1708, domne Madeleine de Saint-Dominique.

11. Depuis 1708 jusqu'en 1711, domne Madeleine de Saint-Léonar Monnerot.

Depuis 1711 jusqu'en 1714, domne Madeleine de Saint-Dominique.

Depuis 1714 jusqu'en 1720, domme Madeleine de Saint-Léonar.

Depuis 1720 jusqu'en 1724, domne Madeleine de Saint-Dominique, morte prieure.

Depuis 1724 jusqu'en 1730, domne Madeleine de Saint-Léonar.

12. Depuis 1730 jusqu'en 1731, domne Élisabeth de Sainte-Madeleine, morte prieure.

13. Depuis 1731 jusqu'en 1737, domne Madeleine de Saint-François.

Depuis 1737 jusqu'en 1743, domne Madeleine de Saint-Léonar.

14. Depuis 1743 jusqu'en 1749, domne Marie de Saint-Gabriel.

15. Depuis 1749 jusqu'en 1752, domne Marie de Saint-Raphaël.

16. Depuis 1752 jusqu'en 1758, domne Claude de Saint-Augustin.

17. Depuis 1758 jusqu'en 1761, domne Antoinette de Sainte-Scholastique.

Depuis 1761 jusqu'en 1767, domne Marie de Saint-Raphaël.

Depuis 1767 jusqu'en 1773, domne Claude de Saint-Augustin.

18. Depuis 1773 jusqu'en 1779, domne Marie de Saint-Basile.

Depuis 1779 jusqu'en 1785, domne Antoinette de Sainte-Scholastique.

Depuis 1785 jusqu'en mai 1791, domne Marie de Saint-Basile.

Depuis mai 1791 jusqu'au 24 septembre 1792, domne Marie de Saint-Basile, par la municipalité.

24 septembre, jour que, par ordre du gouvernement, nous sommes toutes sorties de notre monastère.

Ensuite viennent les noms des 208 religieuses qui ont fait partie du monastère depuis sa fondation, c'est-à-dire les 204 professes, dont il est parlé plus haut, 3 converses et 1 novice.

Nous n'avons pas indiqué non plus, à partir de la mort de Mme de Plainville, arrivée, comme on l'a vu, le 22 juin 1627, certains passages de ce manuscrit, tels que fondations de messes, saluts, prières pour anniversaires, cérémonies pour la dédicace de l'église, liste de bienfaiteurs de la communauté, décès de personnes amies de la maison, dépenses relatives à diverses réparations des bâtiments, etc., etc., qui ne présentent qu'un intérêt secondaire n'ayant rapport qu'à des faits tenant à l'existence de tous les établissements religieux.

2644-10-03. — Tours, Imp. E. ARRAULT et Cie

www.ingramcontent.com/pod-product-compliance
Lightning Source LLC
LaVergne TN
LVHW020241230826
846091LV00006B/2210
9782014451566